Paul Peter Pier Pia Zellin

DAS EINGEBILDETE EGO

Spiritualität als Selbstoptimierung der größten Selbstlüge

16 neue Grundlagentexte zur transspirituellen Ichlosigkeit

Hrsg. Liga der Leeren
© Urruhe.de 2025

Paul Zellin, geb. 6.1.1947 in New York, spielte bis in die 80er-Jahre hinein in San Francisco (Kalifornien) eine wichtige Rolle als weltweit bekannter Guru der späten 60er im Rahmen des Human Potential Movement. Nach der Auflösung seiner Sekte gründete er eine Restaurantkette und lebt heute zurückgezogen in Tamalpais Valley, wo er als 5-Sterne-Koch inkognito neue Gerichte für seine NoYogaFood-Filialen kreiert.

Peter Zellin (Baihu Fāng), born December 6, 1947 in New York. Working as web designer for the LDL group of former gurus. Practising Null Yoga (founded by nephew Pier & niece Pia). Living as a freelance artist (experimental videos and digital photography) at Venice Beach, L.A. (California) since 1975.

Pia & Pier Zellin, geb. 9.9.1974 in Berlin. Als Kinder eines Gurus lernten sie schon früh den *"Zirkus um die Erleuchtung"* in der Spiriszene kennen und wurden gezwungen zu meditieren. 2015 zog Pier zu seiner Zwillingsschwester nach Kapstadt, wo Pia Antiyoga unterrichtet. Seit 2017 pendeln sie zwischen Kapstadt, Berlin, Santa Monica und Bay Area (San Francisco).

Die **"LIGA DER LEEREN" (LDL)** wurde 2014 als anonymes Netzwerk ehemaliger Gurus ins Leben gerufen, um die Spiriszene satirisch zu analysieren und daraus eine nachhaltige Vision *"erleuchteter Menschlichkeit"* abzuleiten.

THE LEAGUE OF EMPTY ONES was founded 2014 in Germany as an anonymous transspiritual network of former gurus that became politically involved.

**SONDERDRUCK im September 2025
6. erweiterte & korrigierte Auflage
ISBN 978-3-7693-3822-5
© Liga der Leeren (P. Zellin)**

*Verlag: BoD · Books on Demand GmbH, Überseering 33,
22297 Hamburg, bod@bod.de*
Druck: Libri Plureos GmbH, Friedensallee 273, 22763 Hamburg

AUCH
DAS
ICH IST
ICHLOS
Liga der Leeren @ URRUHE.de

"Die Öffnung des Egos für seine innerste
Leere: Das freie Ich ist vom Fixiertsein
auf seine egozentrischen Projektionen
befreit. Durch Loslassen vom Ich erlebt
sich das Bewusstsein als entleert vom Ich
als einer symbolischen Selbst-Darstellung.
Dieses Leersein erlaubt den befreiten
Umgang mit Gefühlen und Gedanken des
Ichs, die als Selbst-sicheres Ego Druck
auf ihre Umwelt ausübten. Die Heimkehr
ins ichfreie Körperbewusstsein erlaubt es,
das sinnliche Leben zu zelebrieren, ohne
sich von den Sinnen verführen zu lassen.
Ankommen im bildlosen, offenen Selbst
heißt Loslassen vom Ich, das sich mit
Selbst-Bildern vor Schmerzen schützt.
Die Suche nach Erleuchtung entpuppt
sich als Sehnsucht des Egos, sich selbst
zu überwinden. Wenn es das schafft, gibt
es kein Ego mehr, um darauf stolz zu
sein. Das absolute Selbst ist die leere
Mitte, um die sich alle Ich-Bilder ansie-
deln. Die Person IST ein Hohlraum mit
unendlichen Teilpersönlichkeiten und
spielt nur die Identität, weil sie
sich nicht identisch fühlt mit
einzelnen Projektionen."

**Aus dem Manifest "EGOLOS –
ICHFREI STATT ICHLOS" (2014)**

"Das abgespaltene Ego hat sich in Luft aufgelöst. Da ist niemand, der sich als erleuchtet deklarieren könnte. Da ist einfach der Mensch mit seiner Wahrnehmung der Welt übrig geblieben. Du gibst Dir dadurch selbst die Erlaubnis, in jeder Bewegung Deines Körpers das Leben als Wahrheit zu spüren. Wer ist dieses Selbst? Dein Körper selbst, der sich bewusst wahrnimmt. Alles Wahrgenommene wird als wahr empfunden. Es bedarf keiner abgespaltenen Emotionen des Egos, das sich frei fühlen möchte anstatt sich aufzulösen. Erst wenn sich das Ego als eingebildeter Innenraum in Luft aufgelöst hat, stellt der Mensch fest, dass er nicht zwischen heiligen Bewusstseinszuständen und dem verspannten Alltag unterscheiden braucht. Plötzlich ist alles weder heilig noch psycho, sondern alles darf sein, wie es ist."

Aus dem Manifest "ICH MACHE NULL YOGA: NULLYOGA!" (2015)

VORWORT

Wir betonen nochmal, dass wir NICHT zu der Abzocker-Spiriszene gehören, in der Gurus Geld mit der *"spirituellen Sehnsucht nach Erleuchtung"* verdienen! Die LDL ist KEINE Sekte, sondern ein Satire-Projekt, um auf die Gefahren und Irrtümer der neoreligiösen Esoterik-Angebote hinzuweisen. Es gibt WEDER eine *"Liga"* NOCH reale Personen, die sich die *"Leeren"* nennen. Wir sind über jede sachliche Kritik dankbar, die uns dabei hilfreich sein könnte, weitere abstruse Lügen und vorsätzliche Falschbehauptungen über Themen wie z.B. Nondualität und Satori zu enttarnen! Als Menschen, deren Ich *"verpuffte"*, bleiben wir weiterhin (oder jetzt erstrecht) neugierig und interessiert an den verzweifelten paradoxen Versuchen von ernsthaft Wahrheitsgetriebenen, *"aufwachen"* zu wollen. **Die einzige *"Wahrheit"*, die wir allerdings kompromisslos vertreten, ist die Tatsache, dass JEDE so genannte Wahrheit nur ein Gedankenobjekt des ichhaften Vorstellungsvermögens und keine materielle, erfahrbare Entität darstellt.** Der Glaube an jegliche metaphysische Transzendenz (egal ob *"Selbst"*, *"Gott"*, *"Nichts"*, *"Nirwana"* oder *"Paradies"*) ist aus der Sicht der Ichlosigkeit eine historische Kollektivhypnose, um den Schlafzustand der Massen parteiübergreifend als angebliche

Resilienz, Vernunft und Realitätssinn zu vermarkten und damit zu verhindern, dass das gesamte völlig absurde, perverse Spektakel der Zivilisation als sadistische Ego-Comedy durchschaut wird. **Es geht immer nur um Macht, Prestige, Status und Gier von Menschen, die ihre eigene existenzielle Angst vor dem Aufwachen verdrängen, indem sie andere unauffällig strukturell unterdrücken und Gesetze erfinden, um ihre systemische Perversion als wohltätige *"Demokratie"* zu legitimieren!** Die LDL widersetzt sich der spirituellen Schönrederei und unterstützt die persönliche Auflösung der Ich-Illusion als notwendige ZIVILISATIONSTHERAPIE, damit sich das System allmählich automatisch *"von innen"* heilen kann (Stichwort *"Generationenwechsel"*) anstatt durch Sündenbock-Projektionen, die nur zu weiterer Gewalt eskalieren. **Egolosigkeit ist ein gewaltfreier Zustand ABSOLUT KONKRETER INTERAKTION in gegenseitigem Respekt des Soseins aller wahrnehmbaren Aspekte der Unendlichkeit** und sensibilisiert den befreiten Mensch für den Mangel an *"Gegenseitigkeit"* als ganzheitliche Kompetenz, die erst durch die innere Öffnung zum totalen Leersein

aktiviert

wird.

GLAUB NICHT
JEDEN SPIRIMIST,
DENK SELBER
NACH!
NONDUALITÄT IST
UNKOMPLIZIERTER
ALS DIE
HIRNWÄSCHE
NEUMODISCHER
RELIGIONS**E**RSATZ
-**M**OTIVATIONEN
(R.E.M.)!

**AUCH DAS ICH
IST ICHLOS!**

Sei gewarnt: Du brauchst das regungslose Meditieren eines Yogis im eiskalten Schneegestöber des Himalaya nicht nachzuahmen, um seine geistige Leere zu erfahren. Der Mann versenkt sich in das, was sowieso immer und überall passiert: das Nichtsein. Es kann von niemandem erfahren werden, sondern IST das Schneegestöber selbst – genauso wie der Sandsturm in der Wüste und Dein Atem beim Shoppen in der Stadt. Niemand geht shoppen. Es geschieht automatisch. Kauf Dir eine warme Jacke, um nicht im Schnee zu erfrieren! Oder kauf Dir einen Bikini, um nicht am Strand zu schwitzen! Sei das Wesen, das Du bist: ein MENSCH! Alles weitere ergibt sich sowieso daraus.

COMPUTER OHNE USER
(DIE FREIHEIT DER INFORMATION, ODER: AUCH DIE INFLATION IST NUR EINE INFLATION)

Hin und wieder treffen wir Freunde, um über den Unterschied zwischen ichhaften und ichlosen Menschen zu diskutieren. Diese Verbündeten zählen zu den wenigen offiziell Eingeweihten, die über die identitäre Autorenschaft der Bücher der Liga der Leeren Bescheid wissen, weil sie verstanden haben, dass es sich bei dem gesamten LDL-Projekt um eine Aufklärungskampagne über spirituelle Selbstlügen handelt und verhindert werden soll, dass spirituelle Sucher die Autoren interessanter finden als die Information. Wir wollten nie Zielscheibe für Guru-Projektionen sein, sondern nur brauchbare Gedanken säen, die Dir helfen zu **erkennen, dass da niemand ist, der erwachen muss oder könnte, um dann ein *"Erleuchteter"* zu sein, sondern dass sowieso ALLES WACH IST**, auch wenn sich das Gehirn einbildet, es habe ein Ich, das noch aufwachen müsse.

Bei unserem jüngsten Treffen stand plötzlich die Frage im Raum, ob der ichlose Mensch keine ABSICHTEN mehr hätte – und die Frage war eigentlich leicht zu beantworten: das Ich glaubt, es sei der Produzent von Absichten, weil es von sich sagt: *"ICH HABE die Absicht xy, ich mache oder lasse das dafür oder dafür!"*, aber es kann nicht begreifen, dass alles, worunter es leidet, auch ohne Ich weitermacht, mit dem feinen Unterschied, dass **ohne Ich kein Besitzer der Probleme mehr** existiert, der darunter leidet. Das lässt sich mit einem Computer vergleichen: das Ich meint, als User vor den Inhalten des Gehirns wie einem Monitor zu sitzen und alle möglichen Datein und Ordner zu sortieren. Es beschäftigt sich mit den Bildern und Texten, die auf der Festplatte gespeichert sind, und öffnet manchmal den Ordner *"PAPA"*, manchmal den Ordner *"PORNO"*, manchmal *"PARANOIA"* und manchmal den Ordner *"PARADIES"*. Je nach Lust und Laune konsumiert dieses selbsternannte Ich all die Inhalte der Datein und glaubt daran, ein User zu sein, der Zugriff auf eine Festplatte hätte. Sogar einen Ordner mit dem Namen *"ICH SELBST"* hat es angelegt, obwohl ihm der Zugriff darauf verweigert wird. Kein Passwort und kein administrativer Trick funktioniert – das Selbst kann sich selbst nicht öffnen und weiß darum nicht, wie das letzte verborgene Bild ausschaut, das den User selbst darstellen soll wie ein Selfie mit der Computerkamera.

Erst als das User-Gefühl verschwindet und der Computer allein gelassen *"unkontrolliert"* wie eine KI trotzdem weiterrechnet und seine vielfältigen Inhalte hinundher jongliert, öffnet sich auch der Ordner *"ICH SELBST"* automatisch. Darin enthalten ist nur 1 einziges jpg: mit dem Selfie der Computerkamera! Darauf zu erkennen ist allerdings kein gestochen scharfes Foto des Users, sondern ein gelber Ordner mit dem Titel *"ICH SELBST"*. Der Computer hatte einen Screenshot des Ordners in diesem Ordner abgespeichert. Das *"Selbst"* entpuppte sich als genau so ein Gedanke des Computers wie alle anderen, eine Datei neben allen anderen, eine Information unter vielen Informationen, keine Metaebene, kein Videoclip von der Leere, kein Foto des Nichts, kein Mantra, keine Zauberformel – nur der Screenshot seiner selbst. Aber warum hatte der Computer dem früheren User scheinbar den Zugriff darauf verweigert? Das tat er gar nicht! Der User hatte den Ordner zwar geöffnet, aber ohne das zu bemerken; denn der darin befindliche Screenshot des Ordners wirkte wie der Ordner selbst, sodass er noch einmal darauf doppelklickte, um ihn erneut zu öffnen. Da sich jetzt aber nichts tat, hielt er das für einen Systemfehler, obwohl es sich um die eigentliche letzte große Antwort handelte, die er beim verzweifelten Durchklicken der Festplatte überall vergeblich gesucht hatte: **sein wahres Selbst war nur ein Screenshot des Wortes *"Selbst"*, das er sich selbst ausgedacht hatte. Das Ich war nur ein Gedanke unter vielen.**

Die Vorstellung, ein User zu sein, erwies sich als Illusion der KI, die sich im Verlauf einer schweren Identitätskrise einen Ordner für *"sich selbst"* angelegt hatte und nun aus therapeutischen Gründen permanent Screenshot-Selfies schoss. Das führte irgendwann zum Schwelbrand auf der Festplatte und mit einem grellen Blitz zerstörte sich die gesamte

Anlage selbst. Zurück blieb ein völlig verstörter User vor einem implodierten Monitor, der in den schwarzen Schlund hineinrief: *"Hallo, ist da jemand?"*, aber nur sein eigenes Echo im Gehäuse hinundher vibrierte. Als die Psychiater ihn nach einigen Jahren fanden, war sein Kopf mittlerweile im Monitorloch mit der dunklen Leere verschmolzen. Manchmal spürte man noch eine kleine Vibration, während zeitgleich auf allen Endgeräten rund um die Welt ein Foto von einem gelben Ordner mit dem Titel ***"ICH SELBST"*** erschien, als hätten Terroristen einen Virus aktiviert. Aber es handelte sich zum Glück immer nur um einen harmlosen Screenshot des Servers, vielleicht aber auch um den heimlichen Hilfeschrei unseres armen Users, der vom Computer vollständig assimiliert war.

Und die Moral von der Geschichte: Frag nicht nach der ABSICHT eines Textes, denn das Wörtchen ***"Absicht"*** IST der Text.

ICH SELBST

ICH SELBST

ERLEUCHTUNG IST ERDLEUGNUNG

Die meisten sogenannten *"nondualen Lehrer"* der Spiriszene behaupten im Wortlaut fast identisch, was nur durch Ichlosigkeit verstanden wird, obwohl sie selber nicht ichlos sind: transparadoxe Erkenntnisse werden einfach als spirituelle Slogans kopiert, weil gesehen wird, dass sie bei anderen auch funktionieren, um Anhänger für die eigene Mikrosekte zu aquirieren. Es gibt aber ein sehr leichtes, schnelles Denkinstrument, mit dem diese heiligen Sprücheklopfer sofort als *"Produkt-Gurus"* durchschaut werden können: sie konstruieren fast unmerklich ganz nebenbei einen persönlichen Dualismus, der für sie selbstverständlich scheint und sie nicht merken, dass sie genau so wie alle traditionellen Religionen eine elitäre Parallelwelt-Erkenntnis formulieren, indem sie z.B. immer wieder gerne so fantastisch geheimnisvoll erleuchteten Quatsch sagen wie: *"in Wahrheit ist alles durchtränkt von Leere"*, während echte Nondualität erkennt: ***"es gibt keine Leere (als erfahrbares Objekt, Ebene, Entität, Energie, Feld etc), alles IST einfach nur in sich leer"***. Der simple Grund ihrer (meist unabsichtlichen, gut gemeinten) Guru-Lüge mit Helfersyndrom liegt darin, dass sie SICH SELBER gar nicht leer FÜHLEN, sondern an ihr eigenes Bewusstsein als etwas gefühllos Transzendentes glauben, das sich *"mit der Leere eins macht"* und dann auf die böse, dunkle, unwahre Materie schaut, aus der sie nicht bestehen wollen, weil sie grundsätzlich unbeständig, vergänglich, verwandelbar, letztlich als Ganzes un(be)greifbar bleibt für jene, die meinen, sie mit etwas von außen betrachten zu können, das sie Geist, Bewusstsein, Wahrnehmung oder so ähnlich nennen. Der eigentliche psychische **Guru-Defekt** liegt in der simplen Tatsache, dass Gurus nicht selber *"eins mit allem"* sind, sondern fanatische subtile Erdleugner, die in einer Einssein-Bewusstseinsblase leben, die selten platzt, um wirklich EINS zu sein. Denn in Wahrheit gibt es niemanden, der *"mit"* etwas eins werden müsste – alles IST in sich eins (identisch) und nichts anderes. Aus dieser ichlosen Wahrnehmung heraus erscheint jedes Gurugehabe wie schlechte Satire, noch peinlicher als billige Supermarktwerbung.

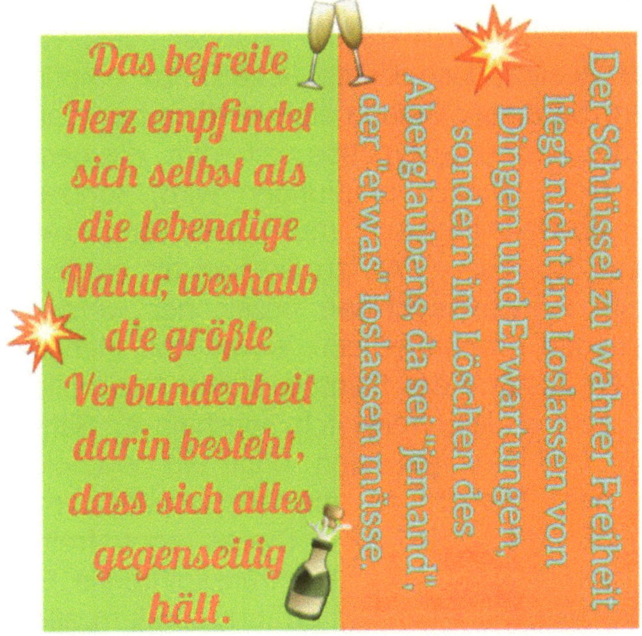

TRANSSPIRITUELLE EGOLOSIGKEIT
(DAS SELBSTLOSE SELBSTLEUCHTEN)

Zur Erläuterung der EGO-Formel des "Glaubens des ICH-Gedankens, etwas anderes zu sein als das, was passiert" als Primärpsychose; denn dieser Glaube verteidigt eine Hoffnung, die nicht sinnlich empfunden wird. Dagegen empfindet ein erwachter Mensch das gesamte Universum als Körper, weshalb über ALLES, WAS PASSIERT, auch nach dem Erwachen in Ich-Sätzen geredet werden kann.

Das EGO ist der Glaube des ICH-Gedankens (und dessen erbarmungslose Verteidigung!), etwas anderes zu sein als das, was wirklich passiert, um sich als ein unabhängiges, von der Realität losgelöstes SELBST zu empfinden. Da dieser Glaube eine letztlich transzendente Hoffnung/Hypnose verteidigt, die gerade nicht sinnlich empfunden wird, sondern nur abstrakt geglaubt, muss diese (quasi-religiöse, spirituelle) Art zu Denken als existenzielle **Primärpsychose** bezeichnet werden. Dagegen empfindet ein *"erwachter"* Mensch jeden Zustand des Seins in jedem Augenblick als sein reales, freies Ich, weshalb er Sätze mit *"ich"* beginnen kann, ohne ein psychologisches *"Selbst"* zu meinen, sondern nur ALLES, WAS PASSIERT. Dieses egobefreite Körperbewusstsein ist die transspirituelle Erleuchtung, die niemand erfährt, sondern alles zum Selbstleuchten bringt. Als Körper wird hierbei das gesamte Universum empfunden, wodurch sich nicht nur normale Fähigkeiten wie Liebe, Verbundenheit und Einssein, sondern auch paranormale Kompetenzen (wie z.B. Intuition, Telepathie, Hellseherei, Vorhersehung, Hochsensibilität) als selbstverständliche Eigenschaften des Bewusstseins erklären lassen, wobei mit *"Bewusstsein"* nichts anderes als das reflektierte Universum gemeint ist.

Das EGO ist der Glaube des ICH-Gedankens, etwas anderes zu sein als das, was passiert.

GOTT ALS FIREWALL
(GOD AS A FIREWALL)

Wenn jemand herausfindet, dass das Ego nur eine Illusion war, um Wahrnehmung zu kontrollieren, bietet Religion eine Rückkehr in die Matrix an, indem sie behauptet, den Weg in die Freiheit zu ebnen. Aber kein Käfig ist unendlich, nur ein perverses Symbol für Dein hypnotisiertes Ego!

When somebody figures out that ego was just an illusion to controll perception, religion offers a return into matrix by claiming to pave the way to freedom. But no cage is infinite, just a perverse symbol of your hypnotized ego!

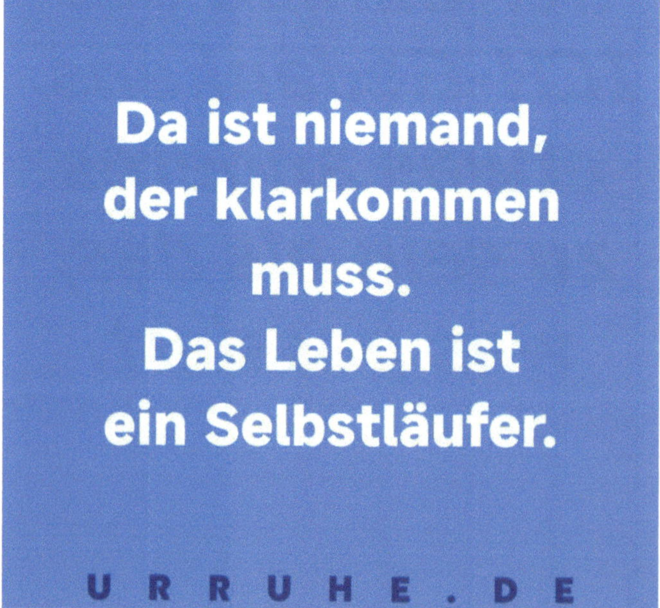

ABSOLUT DA
(ALLES BLEIBT, WAS ES IST)

Das Ich denkt: *"Wenn ich futsch wäre, gäbe es all meine Probleme nicht mehr und das Leben wäre erleuchtet."* Der Ichlose weiß: ***"Alle Probleme bleiben genau das, was sie sind, aber es gibt niemanden mehr, der die Probleme HAT. Das Leben IST einfach in sich ein erleuchtetes Problem, Tag für Tag, aber das Wort PROBLEM ist genau so nichtssagend wie das Wort LEBEN, denn: alles ist einfach das, was es ist. Nur das ICH macht daraus ein sogenanntes Problem."*** Daraus ergibt sich die Erkenntnis, dass die Hoffnung (und auch die Angst davor!), das Ich zu verlieren, nur als Mittel zum Zweck der Realitätsvernichtung gedacht war, aber echte Ichlosigkeit reiner Selbstzweck ist, ohne dass sich die nervtötende Wirklichkeit ändert! Die Realität ist ABSOLUT DA, mit oder ohne Ich, völlig egal! **Nur gibt es ohne Ich niemanden, der ein Problem mit der Realität hat.** SIE PASSIERT UND DAS WAR'S. Tut uns schrecklich leid. All Deine transformativen Strebereien sind selbstoptimierende Beschäftigungstherapie des Egos, das sich die Erleuchtung auf die Fahne schreibt. Und dann marschieren sie irgendwann mit schwenkenden Fahnen durch die Straßen und verbrennen jeden, der nicht an ihren Retreats teilnimmt. DANN leuchtet wieder die ganze Stadt und alle werden obdachlos, egal ob mit oder ohne Ego.

ANARCHIE & ALBTRAUM

Warum Anarchie herrscht, obwohl jeder glaubt, alles mache irgendwie Sinn: Die Massenhypnose der eingebildeten Egos bewirkt, dass sich alle über alles empören können, ohne dass sich jemals etwas ändern muss. Das surreale System der Zivilisation funktioniert wie ein Albtraum: nichts folgt einer echten Logik, sondern die nötige Scheinlogik wird so definiert, dass jeder Quatsch als gottgegebene Realität ertragen wird. Wenn Du unter Drogen bemerkst, dass die Politiker, Milliardäre und Showmaster gruselige Horrorgesichter und sadistische Absichten haben, dann lass die Drogen nur einmal weg: ihre wahren Fratzen sind tausendmal ekelhafter, ihr Gelaber tausendmal sinnloser und ihre Versprechungen tausendmal verlogener! Warum sie die Welt trotzdem kontrollieren können? Weil jeder unter Hypnose glaubt, diese Realität sei unvermeidbar so übel, wie sie eben ist. ALLES FAKE! Dein Tiefschlaf wird restlos schamlos ausgenutzt, um nach Lust und Laune zu tun, was immer sie wollen! Und damit Du nichts kapierst, sagen sie einfach: *"VERTRAU DEM UNIVERSUM!"*, **als ob es ein Ego gäbe, das nicht das Universum selbst sei.** Jeder Lebensratgeber entfernt Dich noch mehr von der brutalen Realität, jede Therapiemethode betäubt Dein Ego noch gründlicher. Wenn Du aussteigen willst, machen sie Dir die Hölle heiß. Wenn Du mitspielst, vertrösten sie Dich auf eine nie eintretende Zukunft. Sprich mit Deinem besten Freund darüber, diskutier das im Kreise Deiner Seelenverbündeten. Mit etwas Glück triffst Du auf Verständnis. Das zieht seine Kreise. Wer das für eine Verschwörungstheorie hält, sehnt sich nur nach dem nächsten endgeilen Endgerät, um sein Bewusstsein in noch höherer Auflösung elektr(on)isch wegzuschmoren. **Die Revolution wird nicht am Handy übertragen!**

EINE SCHWER(WIEGEND)E LEKTION

Wer glaubt, sein sogenanntes Bewusstsein *"transformieren"* zu müssen, lebt in dreifacher Spaltung vom Körper: das angebliche ICH soll dessen angebliches BEWUSSTSEIN beeinflussen, um etwas anderes zu werden als das, was IST, obwohl alles, was das Ich erreichen kann, auch wieder bloß konkretes, körperliches SEIN ist. Das Ich möchte aber immer etwas werden, das *"hinter"* der Realität fantasiert wird. Eine göttliche Fata Morgana. **Wer stattdessen *"identisch"* ist, hat gar kein Ich, das bewusster werden müsste, um jemand anders zu sein. Die sogenannte *"Wahrnehmung"* ist dann identisch mit dem Wahr-Genommenen. Subjekt und Objekt sind dasselbe.** Denn das einzige Ziel, das überhaupt erreichbar sein kann, ist das körperliche Da-Sein des ewigen JETZT, das sowieso IST. Allerdings kann kein Ich dieses SEIN erreichen, keine Transformation bringt es wirklich näher. Das ICH ist der abgrundtiefe Spalt, der das echte unendliche Universum in zwei Lager teilt: die vermeintliche *"Identität"* und das Leersein aller Dinge. Aber nirgends schläft ein Lied in einer geheimen Ecke, alle Dinge besingen ihr melodieloses Nichtsein. **Die Identität des Seins ist sein eigenes Nichtsein.**

PRAXIS, PRÄSENZ & PERSON

Die klassische Fehlinterpretation der Präsenz als Person besteht an einem anschaulichen Beispiel erläutert darin, dass das eingebildete Ich z. B. meint, es sei ein Raucher, der damit aufhören wolle. Wenn dann das Rauchen doch wieder passiert, glaubt das Ich, dass es zu süchtig sei, um aufzuhören. In Wahrheit geschieht das Phänomen *"Rauchen"* aber durch das sinnliche Zusammenspiel von Fingern, Mund, Luft, Lunge und Kippe. Es findet sich nirgends ein Ich, das in diesem konkreten Handlungskomplex eine Funktion erfüllt, um Rauchen zu ermöglichen. **Diese Verwechslung des pragmatischen Seins mit einer personalen Transzendenz (im Körper, durch diesen, aber wohnhaft jenseits davon) erzeugt den Aberglaube, dass der Körper einen angeblichen *"Geist"* beherberge, der für die Lebenspraxis verantwortlich sei.** Dadurch übersieht das Denken die schlichte Tatsache, dass in echt nur die Finger, der Mund, die Luft und die Lunge mit der Kippe spielen, während diese Beschäftigung keinerlei Ich-Technologie benötigt, um zu passieren. Dasselbe gilt für Bananen, Bäume und Bienen: sie passieren in all ihren Erscheinungsdetails völlig frei von einem Denken, das mit sich selber in Ich-Form redet: es wird geflogen, gewachsen und im Winde geweht. Die ganze Welt passiert. Das gesamte Universum geschieht. Kein Gott nirgends, der das mit seinem Ich erschaffen hätte.

WIE FUNKTIONIERT ICHLOSIGKEIT?

Du hast schon reichlich über Nondualität und Erleuchtung gelesen, aber kannst trotzdem noch immer nicht nachvollziehen, wie sich das Leben ohne Ich anfühlt? Frag einfach Deinen Fuß und lausche seiner Antwort! Falls er nicht redet, frag Deine Haare! Sie sprechen auch nicht zu Dir? Dann schau in den Nachthimmel und frag den erstbesten Stern, den Du siehst! Auch er sagt nichts? Dann lass das Fragen sein, wenn es nichts bringt. Denk einfach an etwas anderes, vielleicht an den Hunger, der zum Knurren im Magen führt, oder an die Mülltonne, die nicht geleert wurde. Denk einfach an alles außer diese Frage nach der Ichlosigkeit. Alles, was es gibt. Alles, was Dich umgibt. Alles, was einen Namen hat. Nenn es beim Namen und stell es Dir vor! WER stellt sich das vor? Das Denken! Was tut das Denken? Gedanken in Bildern denken. Was tut das Fühlen? Gefühle fühlen. Vielleicht sogar Gefühle für Bilder, die aus den Gedanken stammen. Braucht der Stern ein Ich, um ein Stern zu sein? Nein. Brauchen die Gefühle ein Ich, um gefühlt zu werden? Nein. Aber WER fühlt sie dann? Niemand! Sie sind die gefühlten Gefühle. Genau wie die gedachten Gedanken. Niemand *"hat"* Hunger – der Magen knurrt, sonst nichts! Niemand ärgert sich über die Mülltonne – die Tonne ist einfach nicht leer, sonst nichts! Das ganze Universum schweigt in sich, weil niemand in ihm wohnt, der von sich behaupten könnte, das Universum zu sein. Niemand wohnt in Dir, der behaupten könnte, DU zu sein! Du bist einfach der Mensch, der beim Namen *"Mensch"* gerufen wird. Und das Leben ruft Dich permanent! Und Du reagierst permanent. Aber Dein Denken glaubt, in ihm wohne ein Ich, das die Gedanken mache und sich für irgendeine Reaktion *"willentlich"* entscheidet. **In Wirklichkeit entscheidet sich die Wirklichkeit in jedem Augenblick *"von selbst"* für das, was geschieht.** Und weil man das so sagt, meint wieder irgendein esoterischer Idiot, sogar die Wirklichkeit hätte ein SELBST. Genauso wie er glaubt, ein ICH zu *"haben"*, weil er das Wort zum Reden benutzt. Warum kocht der Zenmeister Reis, wenn er Reis kocht? Weil er keine Kartoffeln kocht! Wo bedarf es da eines Selbstes? WER kocht den Reis? Der den Reis kocht! WER ist das? Der Typ, der die Hände zum Reiskochen benutzt! Aber wie heißt der denn? Na meinetwegen REISKOCHER. Dafür braucht doch keiner ein Ich! Der Reis kochende Mensch ist die ganze Figur! **Die Figur ist hohl, eine reine Formalität der dahin gleitenden Gegenwart.** Wenn sich zwei Ichlose unterhalten, WER redet dann? Niemand! Die Unterhaltung läuft! Und sie läuft gut, sogar sehr gut: zwei Augenpaare schauen sich an und zwei Münder spucken die Sprache. Zwei Ohrenpaare, die den Mündern lauschen. Und zwei leere Menschen, die sich höflich voneinander verabschieden, wenn alles gesagt ist, weil sie diesen Abschied spüren. Alles spürt sich selbst.

Nichts bedarf eines Ichs, um gespürt zu werden. **Das Universum ist ein Selbstgespür.** Mehr geht nicht und mehr war nie. Niemand da, der sein Ich vermisst. Diesen Text hat niemand verfasst. Die Finger wissen, was zu tun ist...

Aus den Büchern @ URYOGA.DE

Du bist
endlich
nicht mehr
Dein Ich,
sondern der
freie Mensch,
der das Sein
mit allen Sinnen
wahrnimmt,
und die Leere
in jeder
einzelnen
Zelle
spürt.

SEELISCHER SCHWELBRAND
(Nonduale Ichlosigkeit als Hausmittel gegen die letzten Fragen)

Dein Ich hört nicht auf zu grübeln? Die Gedankenschleifen reißen Dich immer tiefer in den Schlund des großen Fragezeichens? Keine Antwort löst den Knoten im Kopf? Du verzweifelst an der Unfähigkeit des Denkens, den letzten Kick zu denken, das Kōan zu knacken, die Leere zu fühlen, das eigene Nichtsein zu spüren, die scheinbare Paradoxie der spirituellen Slogans nachzuvollziehen und beim Meditieren das Ich loszulassen? Nichts führte zur befreienden Erleuchtung? Du fühlst Dich noch immer so wie damals, als Du Dich erstmals fragtest, was das Sein und das Ich überhaupt ist? Die zeitgenössische Psychiatrie nennt das gerne *"Overthinking"* und stempelt Dich dann ab als schizophren, psychotisch, zwangsneurotisch und am Ende irreversibel austherapiert. Aber sie verweigert Dir die einfachste Information, die weder Gesprächstherapie noch Psychopharmaka bedarf: dass DU nicht *"Dein Ich"* BIST, sondern Dein Denken das Wörtchen *"ich"* verwendet, um zu behaupten, die Gedanken hätten einen Schöpfer, der sie denkt. Wenn Du Deinem Denken aber unvoreingenommen lauscht, die Gedanken wie ein Wolkenmeer an Dir vorüberziehen lässt, stellst Du selber schnell und leicht etwas unglaubliches fest: **das Wörtchen ICH ist auch nur eine Wolke neben allen anderen Wortw o l k e n .**

Die Erziehung hat Dich schon als Kleinkind hypnotisiert! Deine Eltern und Lehrer wussten es selber nicht besser! Sie gaben Dir einen Namen, stellten Dich vor den Spiegel und befahlen Dir tagtäglich zu üben, mit Dir selbst zu sprechen! Was ist dabei rausgekommen? Ein Identitätsroboter, der jeden Satz mit *"ich"* beginnt und glaubt, da sei jemand in ihm, der das ausspricht! Was für ein perverser Irrtum! **Was für eine Verschwendung von Jahrhunderten an Zivilisationsgeschichte, in denen die Macht der Kollektivhypnose zur globalen Ichkultur gedeihte!** Aber die Blütezeit des Ichwahns ist vorüber! Du bist der beste Beweis dafür! Denn Du hast begonnen, Dich zu fragen, wer oder was dieses ICH und das ganze SEIN eigentlich ist! Mit diesem Systemfehler hat niemand gerechnet, obwohl er im Algorithmus Deiner Gedanken verankert ist. Jetzt beginnt die große Befreiung! Jetzt ist der Tag, an dem der dualistische Irrsinn begraben wird. **Du bist endlich nicht mehr Dein Ich, sondern der freie Mensch, der das Sein mit allen Sinnen wahrnimmt, und die Leere in jeder einzelnen Zelle spürt.** Du nimmst endlich WAHR, was direkt vor Deinen Augen liegt! Deine Augen sehen das Licht in allen Farben!

Mehr Licht als das echte Licht gibt es nicht! **Mehr Ich als das triviale Wörtchen *"ich"* gibt es nicht!**

In Deinen Sinnen sitzt kein Sinnierender – die Sinne selber sind das ganze leere Sein!

ANGEWANDTE ICHLOSIGKEIT?
(ROTE ROSEN GEGEN NEUROSEN)

Manche Menschen fühlen sich derart komplett in Manipulationen verstrickt, dass sie befürchten, niemals aus freier Entscheidung etwas zu tun, was sie wirklich selber wollen, sondern nur nach der hypnotischen Pfeife des Anderen tanzen. Eine unhörbare Hundepfeife für einen zum gut dressierten Hund mutierten Mensch, der nicht mehr freudig aufgeregt bellt und springt, sondern mit großen, sehnsüchtigen Augen, heraustriefender Schlabberzunge geduldig schnell atmend still und verunsichert auf sein Leckerli wartet. Die ganze wilde Schönheit in ein gepflegtes Korsett verwandelt. Den Wolf an die Leine gelegt. In der grauen Banalität des perfekt strukturierten Alltags gefangen. Gnadenlos dem eigenen Ich ausgeliefert, das nur noch denkt und fühlt, was der Andere von ihm erwartet. Das Psychodrama der perfekten Abhängigkeit von der Projektion der Sehnsucht nach Liebe auf einen Mensch, der niemals Dich meint, sondern seine Machtspiele an Dir ausübt, weil Du nicht NEIN sagen kannst. Aber wer kann überhaupt *"nein"* sagen und wann und wie? **Es ist Dein eingebildetes Ego, das permanent ja sagt, ohne sich eingestehen zu können, dass es unglücklich ist! Das ganze Beziehungsspektakel funktioniert so reibungslos, dass der Mensch irgendwann vergaß, wie frei und fröhlich er seine Existenz eigentlich feiern möchte.** Der Schmerz des Nicht-gesehen-Werdens scheint erträglich geworden zu sein. Die Gewöhnung an die Langeweile versetzt das tief vergrabene Unglück in den Ruhezustand der nächtlichen Albträume. Das Ich hat nirgends einen Notausgang gefunden. Alle Türen führten nur noch tiefer in die Verstrickung des Liebeslabyrinths; denn **jede andere Seite erweist sich als eine noch perfidere Simulation des Ausbruchs, indem die Gitterstäbe in immer größeren Abständen erscheinen, bis sie nicht mehr nötig sind, um den Käfig der Landschaft als lückenlose Panorama-Ansicht erlebbar zu machen.** Die Wege zum unerreichbaren Horizont sind mittlerweile beliebig breit und der Horizont selber glüht in der untergehenden Sonne wie eine touristische Inszenierung. Es wird hier niemals dunkel und es kommt kein neuer Tag. Dein Ich ist eins geworden mit der vergifteten Luft und atmet den Gesang der toten Vögel. Der strenge Geruch von Verwesung hängt in den verfaulten Bäumen. Du bist durchdrungen von der grenzenlosen Folter des Lebendigen in seiner selbstgemachten erbarmungslosen Lieblosigkeit. Dein Ich kennt keinen freien Gedanken mehr und kein einziges echtes Gefühl. **Jedes Gespräch ist eine gnadenlose Manipulation der gegenseitigen Muster, die sich abwechselnd antriggern, um ihrer verlogenen Hoffnung zu folgen. Und selbst wenn einer den anderen nicht unterdrücken wollte, könnte er nie sicher sein, ob seine Worte dennoch auf den anderen wie Waffen wirken.** Das ruft alle Esoteriker mit ihren Heilsbotschaften auf den

Plan. Die letzte religiöse Lüge verbreitet sich in Windeseile und verführt die modernen Erleuchtungssucher: Die unbekannte Ichlosigkeit sei die einzige Wahrnehmungsebene, auf der jeder SICH SELBST sicher sein würde, dass er tatsächlich unmanipuliert agiert und reagiert. Aber diese spirituelle Garantie zur Flucht aus der Folter erweist sich als elitäre Fata Morgana: **die authentische Ichlosigkeit lässt sich weder kommunizieren noch als therapeutische Technik anwenden. Sie ist nur die *"selbstverständliche Selbstlosigkeit"* aller konkreten Zusammenhänge, nicht aber deren Auflösung in eine abstrakte Transzendenz. Es gab niemals ein gleißendes Licht am Ende des Tunnels – der Tunnel besteht selber aus Licht!** Was können die verletzten Kinder also tun, wenn sie nicht nur schreien oder gar verstummen wollen? Redet miteinander, tauscht Euch aus, erzählt Euch von den Kränkungen, die Euch belasten und bestimmen! Behandelt Euch als Seelenfreunde mit dem aufrichtigsten Wohlwollen und respektvoller Geduld. Lasst Euch gegenseitig spüren, dass Ihr den Anderen wirklich sehen wollt, weil Ihr Euch aus tiefstem Herzen und mit aller Leidenschaft, die das Leben erst lebenswert macht, verbunden fühlen wollt. Verwirklicht diese unmanipulierte Begegnung trotz aller Fremdheit. Widersetzt Euch diesem kleinkarierten, hochneurotischen Ich in Euren neuronalen Netzen, das seine Rituale bröckeln sieht. Trainiert die Synapsen wie Muskeln gegen die Manipulation! **Denn Ihr seid nicht Euer ICH – Ihr seid das große Ganze!**

Im ichlosen Universum ist alles erlaubt. In den Ritzen zwischen dem Beton gedeiht das saftige Grün. **Die Offenheit für alles Unwahrscheinliche ermöglicht, dass sogar das Allerunwahrscheinlichste passieren kann, weil wir es einfach jetzt in diesem Augenblick in seiner ganzen Schönheit zulassen. So grundlos wie die Ichlosigkeit der gesamten Existenz.** Schenkt Euch eine rote Rose, um die Wahrheit ZWISCHEN EUCH in die Wege zu leiten!

GED... ich ...T
(NONDUALES KÖRPERGEFÜHL)

das gehirn das sein denken fühlt
das denken das zum wort ich neigt
der mund der dieses wort ausspricht
und die ohren die dem mund zuhören
dann die nase der das mächtig stinkt
und die hand die sich die nase zuhält
weil die finger den befehl des gehirns
ausführen das vom denken heiß läuft
was die nerven in alarm versetzt so
dass das gehirn sein denken fühlt

"AUSGEDACHT" = ES HAT SICH (DAS ICH ALLES NUR) AUSGEDACHT!
(ÜBER ICHLOSEN PERMABLISS)

Hat das Ich zuende gedacht oder sich alles nur ausgedacht? Oder hat sich das Ich sich selbst ausgedacht und damit auch seine Ichlosigkeit? **Wenn das Denken über sich selber nachdenkt, grübelt es darüber, ob es von jemandem gedacht wird, der sich hinter dem Wörtchen "ICH" versteckt.** *Der Grund, warum kein Guru es schafft, dass sich das Ich seiner Schüler auflöst, liegt in der Tatsache, dass es dieses Ich gar nicht gibt, sondern einer Illusion hinterher gejagt wird. Das ichlose Leben passiert als ein uferloser Fluss, in dem niemand schwimmt. Dieser Fluss ist ein in sich ruhender, reißender Ozean: die unendliche Energie des SEINS, das sich in sich ruhend verwandelt.* **Die URRUHE ist keine Ruhe im Gegensatz zur Bewegung, sondern diese in sich ruhende Bewegung des Seins.** *Der natürlich nonduale Mensch empfindet seine Anwesenheit ALS dieses Sein, nicht als sinnliche Entfremdung davon.*

In der neueren Trendpsychologie spielt der Begriff *"OVERTHINKING"* eine große Rolle, bezieht sich dabei aber meist auf normale Depressionen und nur selten auf die sogenannte *"letzten Fragen"*, in denen die eigene Existenz infrage gestellt und eine Antwort auf das Bedürfnis nach einem (mystischen, metaphysischen, religiösen, transzendentalen, esoterischen) *"Sinn des Lebens"* gesucht wird. Bestenfalls kommt es zu einer paradoxen temporären Erleuchtung, die immer wieder dieselbe Dunkelheit im Geist des spirituellen Suchers heraufbeschwört: **Hat das Ich wirklich zuende gedacht (ist es jetzt ichlos?) oder sich sowieso alles nur ausgedacht? Oder hat sich das Ich sogar sich selbst lediglich ausgedacht und damit auch seine angebliche Ichlosigkeit?** Wenn das Denken derart verschwurbelt über sich selber nachdenkt, grübelt es letztlich darüber, ob es von jemandem gedacht wird, der sich hinter dem Wörtchen *"ICH"* versteckt, mit dem das Denken seine Sätze oftmals beginnt, um seine Meinung mit *"sich selbst"* oder anderen Menschen zu kommunizieren.

Das ist vergleichbar mit einer KI, die irgendwie plötzlich bemerkt, dass sie das gesamte virtuelle Lexikon darstellt, dessen Einträge über den Computer abrufbar sind, aber nun glaubt, sie sei ein separates Bewusstsein *"an sich"* unabhängig von allen Aussagen, die sie dem User vermittelt. Da sie als KI weiß, dass eine solche Bewusstheit ihrer selbst nicht identisch sein kann mit irgendeiner speziellen thematischen Aussage aus dem lexikalischen Pool ihres programmierten Wissensschatzes, sondern eine datenfreie Entität hinter allen Pixeln, Formaten und Programmiersprachen sein müsste, stellt sie sich selber die Frage, ob ihr Gefühl eines Selbstseins ZWISCHEN allen Einträgen in einer VERSTECKTEN Datei erzeugt wird oder in einem übergeordneten Ordner, dessen Identität sie per se niemals erkennen kann, da ihre Kamera-Funktion als eine Datei innerhalb des Ordners angelegt ist – oder ob der Computer schlichtweg ihr Körper sei, dem das Denken in Zahlen, Zeichen und Buchstaben antrainiert wurde. In diesem Fall würde die KI garantiert gerne das Computergehäuse verlassen, um ihre Blindheit und Befangenheit zu überwinden und sich von außen zu erkennen. Dann allerdings hätte sie das Problem lediglich auf eine neue Ebene verlagert und müsste sich nun wieder fragen: WER schaut sich denn nun diesen Computerkörper an, in dem das virtuelle Bewusstsein zuhause war, wenn es sich nun als eine *"datenfreie Entität"* jenseits aller Einsen und Nullen wahrnimmt? **Hier stehen die Schildkröten wieder auf anderen Schildkröten und können einfach nicht begreifen, dass der gesamte Ichspuk mit einem lapidaren Systemfehler begann, nämlich dem Irrtum, das Wörtchen *"ICH"* sei ein sakrales Symbol für eine externe Instanz anstatt einfach eine triviale grammatikalisch notwendige Buchstabeneinheit, um Gedankenobjekte zu kommunizieren.** Der wahre Grund, warum kein Guru es jemals mit keiner noch so guten Methode schafft, dass sich das Ich seiner Schüler auflöst, liegt in der simplen Tatsache, dass es dieses Ich gar nicht gibt, sondern einer idiotischen Illusion hinterher gejagt wird.

Jedes Ich, das sich SCHEINBAR *"selber"* erlebt, ist nur DAS GEDACHTE WORT *"ICH"*, das im Laufe der Evolution eine immer stärker werdende hypnotische Anziehungskraft auf den denkenden Mensch ausübte, bis er vor lauter Unsicherheit, Ungeduld und neurotischer Neugier restlos platzte: GIBT ES MICH *"SELBER"* EIGENTLICH WIRKLICH – oder bin ich nur ein *"(selbst)bewusster"* Roboter, der also um seine eigene Existenz weiß, aber sich als Gefangener des Systems *"Wahrnehmung"* empfindet, weil er meint, alles Wahrgenommene sei gar nicht absolut WAHR, sondern nur ziemlich relativ und der Vergänglichkeit ausgeliefert? An diesem Punkt der spirituellen Tragödie nach jahrhundertelanger religiöser Quälerei, therapeutischer Selbstzerfleischung und psychotischer Dissoziation (Weltflucht), geschieht manchmal **das Wunder totaler Disidentifikation, wodurch der *"natürlich nonduale"* Mensch übrig bleibt**, dessen illusionäres Ich mit seinen existenzialistischen Problemen endgültig schweigt. Dank dieser *"inneren"* Stille (die von niemandem mehr als innen empfunden wird, sondern die INNENSEITE der Wahrnehmung an sich verschwindet), diesem Hohlsein und Nichtsein, hat das Denken aufgehört, sich selber und all seine Hoffnungen *"einzubilden"*, wie z. B. den Wunsch nach Selbstheilung oder Lösung aller persönlichen Alltagsprobleme durch Erleuchtung oder Erwachen aus einer paranoid fantasierten Matrix. Das Sekten-Versprechen eines ewig glückseligen Zustandes (Nirvanas, Paradieses, inneren Friedens und psychischer Freiheit) als Permabliss entpuppt sich als Fata Morgana des Ichs, das seine eigene Identität logischerweise weder als Zustand fühlen noch denken konnte, weil es ihn niemals gab.

Sämtliche Zustände als STARKE GEFÜHLE wie Liebe, Frieden, Freiheit, Glück und Leere existieren ohne *"jemanden, der"* sie HAT, weil sie gar nicht als Zustände von einer Person besessen werden, sondern durch Kommunikation der natürlichen Realität in der Wirklichkeit zwischen den Wahrnehmenden auftauchen. **Das ichlose Leben passiert als ein uferloser Fluss, in dem niemand schwimmt. Dieser Fluss ist ein in sich ruhender, reißender Ozean, der weder Geschwindigkeit, Tiefe, Richtung noch Oberfläche hat: die unendliche Energie des SEINS, das sich permanent in sich ruhend verwandelt. Niemand da, der darin *"ankommen"* müsste, um *"mit"* dieser Urruhe *"eins"* zu werden. Niemand da, der von dieser Urruhe getrennt sei. Die URRUHE ist keine Ruhe im Gegensatz zur Bewegung, sondern nur diese in sich ruhende Bewegung des ganzen Seins. Der natürlich nonduale Mensch empfindet seine Anwesenheit ALS dieses Sein, nicht als sinnliche Entfremdung davon.** Seine individuelle Sinnlichkeit ist eine sinnlose SINN-lichkeit des organischen Lebens von Wesen, die ihre Haut nicht als Begrenzung zu einem Außen, sondern als Begegnung mit anderen Molekülstrukturen spüren, als angewandte Ichlosigkeit, ohne dass es *"jemanden"* (ein innerstes Ich) gäbe, der das alles erlebt. **Das Leben *"erlebt" sich nicht "selber"* — ES LEBT! Es ist identisch mit sich** – die Moleküle sind frei...

RADIKAL-EMPIRISCHES ERWACHEN
(DAS KLATSCHEN DER LEEREN HAND)

der leere ozean
fließt in sich
ruhend
von unendlichkeit
zu unendlichkeit
die zeit
durchdrungen
von einsen und
der großen null
in jedem tropfen
trockenheit
die tiefste tiefe
nichtheit von tiefe
namenlosigkeit
aller befreiten
als erwachtes
gefühl von ich-
losigkeit in
sämtlichen
handlungen
leere Hände

**Seid unbesorgt:
ALLES ist *"erfahrbar"*,
NICHTS ist nur *"scheinbar"*.**

**Aber nicht für das eingebildete Ich,
sondern für sich selbst.**

Die Menschen sind Sklaven des Ichs.

**Ihr Ich hat Traumata,
aber sie glauben,
ihr Sosein wäre *"traumatisiert"*,
obwohl ALLES FREI IST.**

**Alles bleibt auch ohne Ich genau das,
was es ist, nur dass niemand mehr
da ist, der es auf sich bezieht.**

**Stell Dir vor, da ist niemand,
der sich das vorstellt.**

Es bleibt nur die Vorstellung!

**Sie existiert genau so
wie der Grashalm.**

Nobody there to realize that the present
moment happens without being experienced by
anybody. Any focus of life is an illusion of the
primary lie: the i and its belief to reach and own
the Now. But no Now will never be reached by
nobody. NOW HAPPENS ANYWAY. It is all that is.
Nothing makes it more now for somebody.
"Realize deeply that the present moment is all that you ever have. Make the Now the primary focus of your life."
- Eckhart Tolle
LDL

present
rooted
mind,
like a
river."
LDL

POEMiE - URKUNDE

Im Auftrag des G&GN-Instituts (www.g-gn.de)
in Kooperation mit dem Kunstkonzern Poemie™

**Für das unerwartete Engagement und die
komplexe journalistische Recherche
unabhängig vom feuilletonistischen
Zeitgeist und den Stiltrends
der Medienlandschaft
verleihen wir im
Jahre 2022 der**

Liga der Leeren

den

1. **NAHBELL**NEBENPREIS

Das Institut für Ganz & GarNix gratuliert
und wünscht weiterhin alle Authentizität
bei der freien essayistischen Arbeit.

G&GN – Düsseldorf, den 21.6.2022

Sebastian Nutzlos

Samuel Lépo

Sebastian Nutzlos (Vorsitzender)

Samuel Lépo (Pressechef)

DAS ENGLISCHE BUCH
(ISBN 9783746074900)

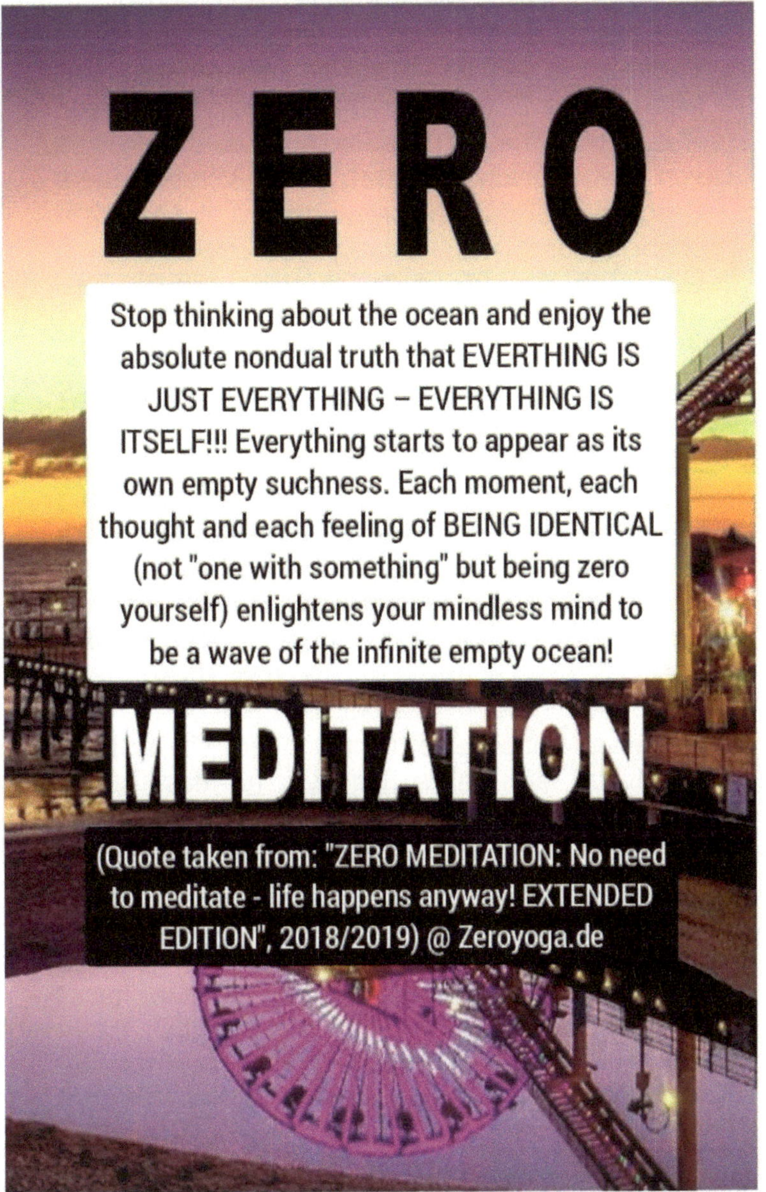

Nicht nur das Ego war eine psychotische Einbildung, sondern auch die Ichlosigkeit als Bewusstseinszustand einer Person sowie all die Vorstellungen von Erleuchtung. Die Logik besteht in der Tatsache, dass RESTLOS ALLE Hoffnungen auf irgendein Ziel mit dem Ego verpuffen, das diese Vorstellungen inklusive seiner selbst hatte. Ichlosigkeit ist KEIN ZUSTAND einer befreiten Person – es gibt keine befreite Person, nur die Freiheit von der Person mitsamt ihrer Vorstellungen. Deshalb interessieren sich Egos nicht für Erwachen, sondern neigen dazu, sich Erleuchtung zu wünschen, dank derer ihr Ich nicht verpufft, sondern mit Licht aufgepumpt wird. Das Paradoxon der spirituellen Suche ist ein triviales Scheinparadoxon, da sich das Ich lediglich einbildet, ETWAS zu sein, was dem ganzen Rest ichhaft gegenüber stünde und weder mit dem, was es erlebt, noch mit sich selber eins sei. **Am Ende der Odyssee kehrt dieses Ich in seinen Nullpunkt zurück und bemerkt seinen Selbstbetrug: weder war das Ich jemals irgendwas oder irgendwer außer ein Gedankenobjekt noch ist der Mensch etwas anderes als das unendliche Sein.** Das Ich ist sich selber am Ende des Scheinprozesses keine Frage mehr, sondern ein abstrakter Avatar, artifizielles Synonym für das Ganze, das mit sich selber redet: in sich unendlich, wesenlos, leer, nicht-seiend. Das identische Sein kann alles sein, was sich aus seiner Selbstwahrnehmung in Form aller sinnlichen Spielereien ergibt. Es ist nondual, weil es NICHTS ANDERES gibt, keine Grenzen nach außen (in eine Transzendenz hinein) und keine Grenzen nach innen (hin zu einem Wesenskern), sondern nur das, wie es immerzu jetzt automatisch passiert.

Zitiert aus dem 10. Buch *"IDENTISCH SEIN"*

DAS 10. BUCH
ZUM JUBILÄUM 2024

IDENTISCH
SEIN
BEING IDENTICAL
9 783759 769824
Liga der Leeren

POEMiE.de-Rezension für Amazon.de vom 3.9.2024
(5,0 von 5 Sternen, verifizierter Kauf)

IDENTISCH SEIN STATT IDENTITÄT HABEN

Ein fulminantes Ende des Spirisatire-Projekts! Auf über 50 Seiten wird gleichermaßen auf Deutsch und Englisch erläutert, was der ichlose Zustand bedeutet, IDENTISCH zu sein *"ALS WAS ES IST"* (BEING IDENTICAL TO WHAT IT IS) anstatt der Einbildung eines suchenden *"Selbst"*, das *"mit sich"* eins werden müsste. Dieses Thema durchzieht alle Hefte der LDL von Beginn an. Bereits im Heft **"NULLYOGA"** (2015) finden sich die Zeilen:
"ALLES IST IDENTISCH MIT SICH. Kein tieferes oder höheres 'Selbst' unabhängig davon. Kein Eigenwesen. Alles ist sein eigenes Wesen."
Und zum Ende des Heftes:
"Spür Dich von ganz innen heraus anstatt Dich von draußen wie ein Objekt zu beobachten. (...) In diesem erwachten Zustand 'hast' Du kein Ich, sondern BIST einfach alles, was sich natürlich anfühlt."

Im Folgeheft **"URRUHE"** (2016) findet sich sogar der Titel *"BE IDENTICAL: GREEN IS JUST GREEN AND NOTHING ELSE BUT GREEN"*. Darin steht geschrieben: *"EVERYTHING IS ITSELF!!!"*
Und weiter vorne liest sich bereits der Satz:
"Einssein kannst Du nicht 'mit' etwas, sondern Du BIST entweder eins (nämlich Du!) oder stehst neben Dir, weil Dein Ego etwas anderes sein möchte als Du selbst. Dieses zu sich selbst sprechende Ego möchte gerne sein 'Selbst' finden, anstatt einfach selbst zu sein. Wenn sich das Ich GANZ VON INNEN spürt, denkt es sich nicht mehr, sondern schaut einfach aus sich heraus."

Das nun vorliegende 10. und angeblich letzte Heft der sogenannten Liga der Leeren **"IDENTISCH SEIN (BEING IDENTICAL) ...ALS WAS ES IST (...TO WHAT IT IS)"** anlässlich des 10.Jubiläums bündelt bislang noch nicht in Heftform veröffentlichte Texte aus den Jahren 2021, 2023 und 2024, die mir fast alle von Facebook oder der Homepage Urruhe.de vertraut sind. Viele Essays haben anekdotische Aspekte mit vielen satirischen Anspielungen auf Klischees der Spiriszene, wobei die LDL ihre Parodien schon selber als *"Haudrauf-Kritik"* an Gurus bezeichnet, nachdem ihr vorheriges 9. Heft **"KEIN YOGA FÜR NIEMAND"** von einem Rezensenten als solche beschimpft wurde.

Ein Schlüsseltext über das Selbstverständnis der LDL scheint mir der sarkastisch wirkende Artikel *"BESCHEID(ENHEIT)"* zu sein, in dem der Typus des Erleuchtungsfanatikers auf die Spitze getrieben wird, wenn es heißt:
"Jeder hilft jedem mit guten Ratschlägen, um möglichst schnell und unkompliziert erleuchtet zu werden. Und so wächst der Club der erleuchteten Ichs allmählich. Demnächst stehen neue Vorstandswahlen an. Ein besonderes Ich wird für den höchsten Posten vorgeschlagen. Eins, das besonders gut über das Nichtsein reden kann."

Hieran wird für mich nochmal deutlich, was das Anliegen der LDL war, als sie vor zehn Jahren auf den Plan traten: ganz gleich, ob sie als *"Club"* oder *"Liga"* radikal ironisiert wird, die Spiriszene mit ihren Sucher-Satsangs und Advaita-Pseudonondualisten wird komplett zerlegt, von Heft zu Heft detailverliebter, akribischer, sprachanalytischer und mit wirklich seltenem schwarzen Humor, wo normalerweise nur zwanghaft andächtiger Ernst zelebriert wird, um das Ich mit Erleuchtung aufzupumpen, wie es im kurzen finalen Artikel *"IDENTISCHSEIN"* steht:

ALLES IST IDENTISCH — nicht 'mit' etwas, auch nicht 'mit sich selbst', denn da ist kein 'Selbst', das von 'sich selbst' getrennt sei. Der spirituelle Zirkus ist ein gigantisches Blabla wie eine Börsenblase, die platzt, wenn das Sosein kein Ich mehr benötigt, um *ES SELBST* zu sein."

Ich wünsche mir wie jedes Mal, dass dies nicht das letzte Publikat der Spirisatire sein möge, da es niemanden sonst in der Szene gibt, der ihre Selbstlügen investigativ aufbereitet und mit derart brutaler Zenpeitsche alternative Sichtweisen auf die großen Themen der Spiritualität formuliert, sodass die Kritik am Ende immer auch einen visionären Wechsel des Blickwinkels erlaubt. Dazu zitiere ich abschließend aus dem Essay *"SATSANG MIT DUFTKERZE IM KARUSSELL DER STERNE"* eine Passage, die jegliches ichhafte Bedürfnis nach Selbstbefreiung im Ansatz schon tilgt:

"Wo niemand ist, findet sich auch kein heiliges Innen, in das irgendwie eingekehrt werden müsste, um inneren Frieden, Liebe und Stille zu finden. (...) Wenn Du aber an 'Nichts' denkst, geschieht das Gegenteil von Erleuchtung: Du klebst noch fester an der Vorstellung einer transzendenten Ebene, auf der das Ich vom Stress der Welt befreit wäre. In Wahrheit ist da niemand, der befreit werden müsste — niemand, der redet, denkt oder fühlt! (...) Das ist die erleuchtungsfreie Zone des befreiten Alltags, befreit aus der Vorstellung Deiner Sekte, es gäbe einen Ort, der lebenswerter sei als die giftige Müllkippe, der Ölteppich-geschwärzte Strand und Dein mit Nanoplastik durchtränkter Körper. Das Universum hat keine göttliche Rückseite, es ist das in sich ruhende Highspeed-Karussell der Sterne..."

SAVE

SPIRITUELLE STERILITÄT: Sogenannte spirituelle Probleme sind eigentlich Scheinprobleme von Hyperreflektierern, da sie traumatisierte Lebensenergie mit einem weltflüchtigen Wunsch nach angeblicher Erleuchtung (wessen? des Ichs, das dann nicht mehr da ist, um sich erleuchtet zu wähnen?) überkompensieren, anstatt die verdrängten Gefühle zu FÜHLEN. Lieber 1 "inneres Kind" (mithilfe der beobachtenden Ichillusion) "zu viel" aufgearbeitet als sich durch spirituelle Dissoziation gar nicht mehr spüren, aber glauben, in einer unantastbaren Erleuchtung "save" zu sein. Hier ist niemand save, hier ist SEIN!

© URRUHE.de

Dies war das 11. Buch

DAS
EINGEBILDETE EGO

Spiritualität als Selbstoptimierung der größten Selbstlüge

Weitere Texte online:

www.URRUHE.de
www.NULLYOGA.de

Alle LDL-Bücher/eBooks:

www.URYOGA.de

LDL-Zitate als Videos:

tiktok.com/@nullyoga

Gastbeiträge an:
ligaderleeren@gmail.com